Elisabeth Ziegert

"SWOT-Analyse" am Beispiel "McFit"

GRIN Verlag

Bibliografische Information der Deutschen Nationalbibliothek:

Die Deutsche Bibliothek verzeichnet diese Publikation in der Deutschen Nationalbibliografie; detaillierte bibliografische Daten sind im Internet über http://dnb.d-nb.de/ abrufbar.

Impressum:

Druck und Bindung: Books on Demand GmbH, Norderstedt Germany
ISBN: 978-3-656-94906-0

Dieses Buch bei GRIN:

http://www.grin.com/de/e-book/298493/swot-analyse-am-beispiel-mcfit

Deutsche Hochschule für

Prävention und Gesundheitsmanagement

Einsendeaufgabe

Fachmodul: Marketing II

Studiengang: Bachelor Fitnessökonomie

Datum

Präsenzphase: 12.01.15 bis 15.01.15

Studienort: **Leipzig**

Semester: **WS 12**

Inhaltsverzeichnis

1 SWOT-Analyse und Marketingstrategien

1.1 Vorgehensweise der SWOT-Analyse

Zum besseren Verständnis ist zunächst der Begriff „SWOT“ zu erläutern. Die einzelnen Buchstaben der Abkürzung „SWOT“ stehen für „**S**trength (Stärken), **W**eakness (Schwächen), **O**pportunities (Chancen) und **T**hreats (Risiken)“ („zit. nach Schlaffke & Plünnecke, 2014, S. 19“).

Ziel der gesamten SWOT-Analyse ist es, aufzuzeigen, inwieweit die derzeitige Strategie des Unternehmens infolge vorhandener Einflüsse des gesamten Umfeldes Erfolg erzielen kann. (vgl. Schlaffke & Plünnecke, 2014, S. 19)

Zur Sicherung der eigenen Existenz ermitteln Unternehmer ihre Stärken und Schwächen (intern) und stimmen diese auf die Chancen und Risiken des Marktes ab (extern). Die Analyse des Leistungsvermögens in Bezug auf das Marketing-Umfeld zur optimalen Strategieentwicklung steht bei der SWOT-Analyse somit im Fokus.

Hierfür wird die SWOT-Analyse generell in drei Teile gegliedert (vgl. Schlaffke & Plünnecke, 2014, S. 19), welche in der folgenden Tabelle dargestellt sind und zusätzlich sowohl Ziele als auch Bestandteile der Teilanalysen aufzeigt.

Tab. 1: Ziele und Bestandteile der Teilanalysen einer SWOT-Analyse

Teilanalysen SWOT-Analyse		Ziele	Bestandteile
1.	**Ressourcenanalyse**	• nur Betrachtung erfolgsentscheidender Faktoren • sowohl gegenwärtige und zukünftige Ressourcensituation mit Stärken und Schwächen werden ermittelt und dementsprechend geeignete Strategien entwickelt • Maßstab ist stärkster Mitbewerber (vgl. Schlaffke & Plünnecke, 2014, S. 20 ff)	Unterteilung in dreistufige Vorgehensweise (vgl. Schlaffke & Plünnecke, 2014, S. 20): **1. Erstellung Ressourcenprofil**, welches vorhandene finanzielle, physische, organisatorische und technologische Ressourcen erfasst und beurteilt (vgl. Schlaffke & Plünnecke, 2014, S. 20) **2. Gegenüberstellung Ressourcenprofil zu spezifischen Anforderungen an den Markt**, dadurch Bestimmung von Unternehmensstärken und –schwächen (vgl. Schlaffke & Plünnecke, 2014, S. 22) **3. Identifikation spezifischer Kompetenzen**, wobei Stärken und Schwächen mit den stärksten Mitbewerbern verglichen werden (vgl. Schlaffke & Plünnecke, 2014, S. 22)
2.	**Analyse der Unternehmenswelt**	• Betrachtung externer Faktoren, die über keinen direkten Einfluss auf Unternehmen verfügen • Beurteilung der Marktattraktivität mit dem Ziel zukünftige Entwicklungen zu erkennen und dementsprechend die Planung anzupassen • Senkung negativer und Ausweitung positiver Ereignisse (vgl. Schlaffke & Plünnecke, 2014, S. 23)	Die Bereiche der Inhalte gliedern sich wie folgt auf (vgl. Schlaffke & Plünnecke, 2014, S. 23): **1. Markt und Wettbewerb** Marktstrukturen, -potenzial, -volumen, Kundenstruktur, Konsumverhalten, Wettbewerb, demografische Entwicklung **2. Umfeld und allgemeine Rahmenbedingungen** gesetzliche/staatliche, gesellschaftliche, ökologische Rahmenbedingungen, technologische/technische Entwicklungen, sonstige ökonomische Rahmen- und Umweltbedingungen
3.	**Erstellung SWOT-Matrix**	• Verbindung der Ergebnisse aus dem Ressourcenprofil und der Analyse der Unternehmensumwelt (vgl. Schlaffke & Plünnecke, 2014, S. 24)	**Entwicklung von Strategien** „Die Generierung und Formulierung von Strategien stellen einen primär kreativen Prozeß dar." (Nieschlag, R. et. al., 1991, S. 833) Es kann beispielsweise erkannt werden welche Chancen sich aufgrund von Schwächen ergeben, aber auch welche Chancen aufgrund von Stärken optimiert werden können. (vgl. Schlaffke & Plünnecke, 2014, S. 24)

1.2 Durchführung einer SWOT-Analyse

Im Folgenden wird eine SWOT-Analyse für ein Beispielunternehmen durchgeführt, welches die Einführung eines *Firmenfitnesskonzeptes* anstrebt.

Zum besseren Verständnis gilt es diesen Begriff zu klären. *Firmenfitness* bedeutet langfristig gesunde Mitarbeiter für Unternehmen. Arbeitgeber können Arbeitnehmer bei dem Streben nach Gesundheit unterstützen, indem sie eine Mitgliedschaft im Fitnessstudio bezuschussen. Dieser Betrag ist individuell und abhängig von der teilnehmenden Mitarbeiterzahl. Arbeitgeber erhalten für ihre Mitarbeiter Nachlässe auf die Konditionen und Beiträge. Die Arbeitnehmer können dann im Fitnessstudio regelmäßig wie ein vollwertiges Mitglied trainieren und im Gegensatz dazu erhalten Arbeitgeber leistungsfähigere Arbeitnehmer mit weniger Krankheitstagen.

Die nachstehenden Tabellen fassen die ersten beiden Teilanalysen einer SWOT-Analyse für das Beispielunternehmen zusammen.

Tab. 2: 1. Ressourcenanalyse am Beispiel eines Unternehmens, welches ein Firmenfitnesskonzept plant

Stärken	Schwächen
hoch qualifiziertes Fachpersonal	wenig Parkplätze
widerstandsfähige Geräte, geeignet für hohen Durchlauf	geringe Raumkapazität (bei zu hoher Auslastung)
gutes Preis-Leistungs-Verhältnis mit vielfältigen Leistungsangebot	aufgrund positiver Mitglieder-Auslastung wenig Investition in Marketing
gute Infrastruktur (Lage, Standort, Verkehrsanbindung)	wenig Innovationen, eher standardisierte Konzepte, v. a. im Bereich Gruppenfitnesskurse
kundenfreundliche Öffnungszeiten	

Tab. 3: 2. Analyse der Unternehmenswelt am Beispiel eines Unternehmens, welches ein Firmenfitnesskonzept plant

Chancen	Risiken
demografische Entwicklung zeigt mehr ältere Generationen, politische Entwicklung geht hin zu späten Renten, Arbeitnehmer und –geber wollen Leistungsfähigkeit lange erhalten	Mitbewerber in direkter Umgebung mit Firmenfitnesskonzepten
Entwicklung geht zu vielen Sitzjobs, dadurch gelten Rückenprobleme u. v. m. als Volkskrankheit	Firmen investieren nicht in Mitarbeiter (kein Vorteilsbewusstsein)
Trend zum Gesundheitsbewusstsein, steigender Bedarf nach gesundem Lebensstil	schnelllebiger Alltag, zu viel Stress und Arbeit, dadurch wenig Zeit, eher Nutzen von Medien (z. B. Internetforen, Fitness-DVDs), um Zeit zu sparen
hoch frequentierte Nachfrage der Mitglieder nach Firmenfitness	„innerer Schweinehund" der Gesellschaft (andere Prioritätensetzung)
Prämienzahlung seitens der Arbeitgeber bei wenig Krankschreibungen von Arbeitnehmern	Firmen können nicht investieren, weil kein Budget vorhanden ist (evtl. Konjunkturkriese)

1.3 Erstellung einer SWOT-Matrix

Bezugnehmend auf den Betrieb aus Aufgabe 1.2 zeigt die folgende Tabelle eine SWOT-Matrix, welche den letzten Schritt der SWOT-Analyse bezeichnet.

Tab. 4: 3. Erstellung SWOT-Matrix am Beispiel eines Unternehmens, welches ein Firmenfitnesskonzept plant

SWOT-Matrix	Externe Analyse	
	Chancen • demografische Entwicklung zeigt mehr ältere Generationen, politische Entwicklung geht hin zu späten • Entwicklung geht zu vielen Sitzjobs, dadurch Rückenprobleme • Trend zum Gesundheitsbewusstsein, steigender Bedarf nach gesunden Lebensstil • hoch frequentierte Nachfrage der Mitglieder nach Firmenfitness • Prämienzahlung seitens der Arbeitgeber bei wenig Krankschreibungen der Arbeitnehmer	**Risiken** • Mitbewerber in direkter Umgebung mit Firmenfitnesskonzepten • Firmen investieren nicht in Mitarbeiter (kein Vorteilsbewusstsein) • Firmen können nicht investieren, weil kein Budget vorhanden ist • schnelllebiger Alltag, zu viel Stress und Arbeit, dadurch wenig Zeit • „innerer Schweinehund" der Gesellschaft (andere Prioritätensetzung)
Interne Analyse **Stärken** • hoch qualifiziertes Fachpersonal • widerstandsfähige Geräte • gutes Preis-Leistungs-Verhältnis • gute Infrastruktur (Lage, Standort, Verkehrsanbindung) • kundenfreundliche Öffnungszeiten	**SO-Strategien** • Hervorheben Preis-Leistung • Gesundheitstrend verstärken • Nachfrage der Mitglieder nutzen, in die Firmen gehen • Prämienzahlung hervorheben (Win-Win-Situation erläutern, Vorteile und Nutzen für Arbeitgeber und Arbeitnehmer in persönlichen Gesprächen mit Arbeitgebern und –nehmern schaffen) • In einer Präsentation in der Firma Leistungsfähigkeit im Alter hervorheben (durch Bilder, Emotionen schaffen) • qualifizierte Trainer bieten spezielles Rückentraining (Extra-Rückenangebote für Arbeitnehmer und –geber)	**ST-Strategien** • Abgrenzen von Mitbewerbern mit guten Angeboten (Verantwortliche stellen Konzept in Firmen vor) • Vorteilsbewusstsein schaffen über Preis-Leistung, qualifiziertes Personal/Geräte (spezielle Angebote (Arbeitgeber trainieren kostenfrei) • in Kooperation mit Krankenkassen Gesundheitstag organisieren (Vorteilsbewusstsein) • Vorsprechen vor Arbeitnehmern (Überzeugung schaffen, Prioritäten-Umverteilung) • gute Verkehrsanbindung und Öffnungszeiten (Abheben Konkurrenz, Zeitersparnis, Verbindung mit Arbeitsweg) • Preis-Leistung beinhaltet auch Sauna, damit Entspannung für gestresste Arbeitnehmer bieten
Schwächen • wenig Parkplätze	**WO-Strategien** • Investition tätigen, um Extra-Parkplätze anzumieten	**WT-Strategien** • mehr Marketing gegenüber Firmen, um von Mitbewerbern

	• geringe Raumkapazität • wenig Investition in Marketing • wenig Innovationen, standardisierte Konzepte, v. a Gruppenfitnessbereich	• Raumkapazität erweitern • mehr-Investition in Marketing, um Trend für Gesundheit, Altersfitness zu stärken • studiointernes Marketing für Bestandsmitglieder (Weiterleitung an Firmen durch Empfehlung) • Investition in Schulungen der Trainer, um Innovationen bieten zu können (beispielsweise: Extra-Rückenkurse)	abzugrenzen • zeitsparendes Training anbieten für bessere Auslastungsverteilung • Arbeitnehmer können gemeinsam zum Training kommen, somit Eindämmung des „inneren Schweinehund" durch gegenseitige Motivation, außerdem Fahrgemeinschaften vorschlagen, um Parkplatzsituation zu lösen

2 Kooperationen

An Kooperationen sind zwei oder mehrere Unternehmen beteiligt, welche zusammenarbeiten und gemeinsame Ziele verfolgen. Es gibt zum einen Kooperationsformen im engeren Sinne, wie Allianzen, Netzwerke und Joint Ventures und zum anderen Kooperationen im weiteren Sinne, wie z. B. Lizenzverträge und Franchising. (vgl. Schlaffke & Plünnecke, 2014, S. 84) Letztere sind durch ein Machtgefälle zwischen den Kooperationspartnern gekennzeichnet und werden im Folgenden genauer erläutert.

2.1 Begriffsabgrenzung

„Mit *Franchising* wird ein Vertriebssystem bezeichnet, bei dem (…) ein Hersteller den Vertrieb seiner Produkte oder Dienstleistungen in Form einer vertikalen Kooperation von einer begrenzten Zahl von Händlern durchführen läßt." (Nieschlag et. al., 1991, S. 383). Dieses System bildet also eine vertraglich geregelte, langfristige Zusammenarbeit zwischen Unternehmen. Dabei ist der Franchisenehmer selbstständiger Unternehmer, welcher gegen eine einmalige Zahlung oder gegen laufende Beträge und unter stets detailliert limitierte Richtlinien bestimmte Rechte des Franchisegebers bekommt. (vgl. Schlaffke & Plünnecke, 2014, S.83).

Der Franchisegeber überträgt dem Franchisenehmer den Vertrieb seiner Produkte oder Dienstleistungen unter Verwendung eines gemeinsamen Warenzeichens, gemeinsamer Symbole, des Namens, der Marke und gleichartiger Ausgestaltung der Verkaufsräume. (vgl. Weis, 1993, S. 292)

Der Franchisegeber wird zur Unterstützung des Franchisenehmers beim Aufbau, der Errichtung und der Führung des laufenden Betriebs verpflichtet. (vgl. Nieschlag et. al.,

1991, S. 384) Hingegen werden einheitliche Organisations-, Werbe- und Marketingkonzeptionen vom Franchisegeber fingiert. Franchising bildet ein eigenständiges Absatzsystem.

Grundsätzlich enthalten Franchiseverträge auch Lizenzvereinbarungen, die die Nutzung etablierter Marken erlauben. Ein Franchisesystem geht jedoch „über ein Lizenzsystem hinaus, weil es ein bestimmtes Vertriebssystem in allen Einzelheiten beinhaltet.“ (Weis, 1993, S. 292)

Innerhalb einer *Lizenzierung* wird einem Unternehmen das Nutzungsrecht an einer rechtlich geschützten Erfindung oder Technologie gegen ein gewisses Entgelt oder eine Leistung gewährt. Diese Art der Kooperation kann langfristig bestehen bleiben, wobei allerdings ein Machtgefälle zwischen Lizenzgeber und -nehmer besteht. (vgl. Schlaffke & Plünnecke, 2014, S. 82)

Ziele des Lizenzgebers sind einerseits die Vermarktung bereits vorhandenen Wissens und andererseits die Erzielung von Lizenzeinnahmen. Außerdem können durch eine Lizenzierung trotz knapper Ressourcen neue Märkte erschlossen und Risiken gemindert werden.

Ziel des Lizenznehmers dagegen ist die Übernahme von Technologien vom Lizenzgeber. Dadurch kann ein Zeitgewinn durch einen früheren Eintritt im Markt erfolgen. Insgesamt können somit Kosten eingespart und neue Produkte oder Leistungen aufgenommen werden. Lizenzierungen sind bedeutend für einen Eintritt in den Auslandsmarkt. (vgl. Schlaffke & Plünnecke, 2014, S. 82)

2.2 Beispiele aus der Praxis

In der nachstehenden Tabelle sind Beispiele zum Franchising und zur Lizenzierung aus der Gesundheitsbranche recherchiert und aufgelistet.

Tab: 5: Praxis-Beispiele zum Franchising und zum Lizenzgeschäft

Kooperationsform	Beispiele aus der Fitness- und Gesundheitsbranche		
Franchising	**Body Street** (vgl. BODY STREET, n. d. [online])	**Injoy** (vgl. INJOY, n. d. [online])	**Clever Fit** (vgl. cleverfit, n. d. [online])
Lizenzierung	**Les Mills** (vgl. LesMills, n. d. [online])	**Myline** (vgl. myline, n. d. [online])	**Slim Belly** (vgl. slim belly by AIR-PRESSURE BODYFORMING, n. d. [online])

2.3 Recherche

2.3.1 Bestandteile Franchisevertrag

Mögliche Bestandteile und Inhalte eines Franchise-Vertrages sind im Folgenden recherchiert und aufgelistet.

Tab. 6: Bestandteile und Inhalte von Franchise-Verträgen

Bestandteile (vgl. Flohr, n. d.)	**Inhalt**
Präambel	Grundlagen Franchise-System (vgl. Flohr, n. d.,S. 5)
Gegenstand des Franchise	Leistungs- und Produktprogramm des Franchise-Gebers sowie Nutzungsrechte für gewerbliche Schutzrechte der Marke (vgl. Flohr, n. d., S. 5)
Vertragsgebiet	Bestimmung nur, wenn Gebietsschutz vereinbart wurde (auch Platz- oder Kundenschutz möglich) (vgl. Flohr, S. 5)
Bezugsbindung des Franchise-Nehmers	Beschränkung auf 80 % des EK-Umsatzes (vgl. Flohr, n. d., S. 6)
Rechte und Pflichten des Franchise-Gebers	dauernde Unterstützung des Franchise-Nehmers, Weiterbildung, Controllingkonzepte, Marketingkonzepte u v. m. (vgl. Flohr, n. d., S. 7)
Preispolitik	Zahlungsverpflichtungen des einzelnen Franchise-Nehmers (vgl. Deutscher Franchise-Verband, 2003, S. 20 f), Eintrittsgebühr, laufende Franchise-Gebühren (vgl. Flohr, n. d., S. 8)
Vertragsdauer	bestimmte Vertragsdauer, die so geregelt sein soll, dass der Franchise-Nehmer Möglichkeit zur Gewinnerzielung besitzt (vgl. DFV, 2003, S. 20)
Kündigung	Regelung über Beendigung des Vertrages (vgl. Flohr, n. d., S. 10), sowie Grundlage für Verlängerung (vgl. DFV, 2003, S. 20 f)
Rechtsfolgen der Beendigung des Franchise-Vertrages	Bestimmungen über sofortige Rücknahme des materiellen/immateriellen Eigentums des Franchise-Gebers/Inhabers nach Vertragsende, Ausgleichsansprüche (vgl. Flohr, n. d., S. 10)
Widerrufsrecht / Widerrufsbelehrung	nur bei Bezugsbindung (vgl. Flohr, n. d., S. 12)
Rentenversicherung selbstständiger Franchise-Nehmer	abhängig von Vertragsgestaltung (vgl. Flohr, n. d., S. 13)
Sonstiges (vgl. DFV, 2003, S. 20 f)	• Bedingungen, nach denen der Franchise-Nehmer das Franchise-Geschäft kaufen oder übertragen kann (mögliche Vorkaufsrechte für Franchise-Geber) • die dem Franchise-Nehmer zur Verfügung zu stellenden Waren/Dienstleistungen • Recht des Franchise-Gebers das Franchise-System an veränderte Verhältnisse anzupassen • Bestimmungen, die sich auf Gebrauch der typischen Kennzeichnungen des Firmennamens, der Marke, der Dienstleistungsmarke, des Ladenschilds, des Logos, oder andere Merkmale des Franchise-Gebers beziehen

2.3.2 Startkapital verschiedener Franchisekonzepte

Die nachfolgende Tabelle zeigt die ungefähre Höhe des jeweiligen Startkapitals bei den Franchise-Konzepten Mrs. Sporty, Body Attack und Easy Fitness. Diese wurden möglichst genau recherchiert, können jedoch Abweichungen zum tatsächlich notwendigen Kapital darstellen.

Tab. 7: Startkapital verschiedener Franchise-Konzepte

Franchise-Konzept	Höhe Startkapital
Mrs. Sporty	• Gesamtinvestition: ab **49.000 €** (inkl.Franchisebetrag von 17.900 €) • empfohlenes Eigenkapital: 10.000 € bis 15.000 €, um ein Bankdarlehen zu erhalten (vgl. MRS. SPORTY Franchisekosten, n. d. [online])
Body Attack	• Gesamtinvestition: **80.000 € bis 100.000 €** netto inkl. Kaution und Courtage • empfohlenes Eigenkapital: ab 20.000 € (vgl. Body Attack Franchisekosten, n. d. [online])
Easy Fitness	• Gesamtinvestition: **250.000 € bis 350.000 €** • empfohlenes Eigenkapital: 75000 € bis 100.000 € (vgl. Easyfitness Franchisekosten, n. d. [online])

2.4 Vor- und Nachteile

Nachstehend sind sowohl Vor- als auch Nachteile für Franchise-Nehmer zusammengefasst.

Tab. 8: Vor- und Nachteile für Franchise-Nehmer

Vorteile	Nachteile
• optimale Unterstützung durch vorgegebene effiziente Arbeitsabläufe und einheitliches Marketing ➔Dadurch entsteht weniger Zeit- und Kostenaufwand.	• wenig Kreativität und keine Umsetzung eigener Konzepte • kaum unternehmerische Freiheiten, somit findet auch kaum Einfluss auf Geschäftsplanung statt • hohe Abhängigkeit, was evtl. Gefahr von Konflikten birgt
• bessere Kreditwürdigkeit mit mehr Sicherheit durch das schon vorhandenes Konzept ➔Damit ist das Unternehmen schneller am Markt.	• hohe Anfangsinvestition (Erstanschaffung) und stets Zahlung laufender Gebühren
• von vornherein ‚bekannte Marke' (Wiedererkennungswert durch Corporate Identity und bereits vorhandenes Image) (vgl. Weis, 1993, S. 292)	• Wagnis der Imagegefährdung, da sich ein evtl. schlechter Ruf in einem einzelnen Franchisunternhemen auf das Gesamtkonzept niederschlagen kann

3 Corporate Identity

„In der wirtschaftlichen Praxis ist (…) Corporate Identity die strategisch geplante und operativ eingesetzte Selbstdarstellung und Verhaltensweise eines Unternehmens nach innen und nach außen auf Basis einer festgelegten Unternehmensphilosophie, einer langfristigen Unternehmenszielsetzung und eines definierten (…) Images – mit dem Willen, alle Handlungsinstrumente des Unternehmens in einheitlichem Rahmen nach innen und außen zur Darstellung zu bringen.“ (Birkigt et. al., 1995, S. 18)
Im Folgenden wird ein Interview mit dem Creative Director von McFIT analysiert. Außerdem werden Neu-Ausrichtungsgründe beschrieben und weitere Unternehmen recherchiert.

3.1 Interview-Analyse

3.1.1 Überarbeitung der Corporate Identity bei McFIT – Erkennungsmerkmale

Bei der Fitness-Kette „McFIT“ wurde ein komplettes Redesign der ganzen Marke vorgenommen. Ein ganz neues Corporate Design steht hier im Mittelpunkt.
Zuvor bestand das Logo aus einer blauen Schleife mit gelber Schrift. (vgl. Abb. 1). Die Farben blau und gelb symbolisieren eher einen Discounter. Im neuen Logo hingegen wurde das blau beseitigt und das gelb geschmälert. Ein Anthrazit-Ton wurde als Grundlage verwendet, was das gelb strahlender wirken lässt. Der Schriftzug erscheint nun in einem klassischen weiß. (vgl. Abb.1)
Die einfache blaue Schleife wurde in ein dreidimensionales gelbes Band umgestaltet (vgl. Abb. 1). Auch die Schreibweise wurde aus designtechnischen Gründen von „McFit“ zu „McFIT“ geändert (vgl. Abb. 1).

Abb. 1: McFIT-Logo vorher und nachher (vgl. McFIT-Logos, n. d., http://www.designtagebuch.de/wp-content/uploads/mediathek//mcfit-logos.jpg))

Des Weiteren lässt sich innerhalb der Bildsprache eine Überarbeitung der Corporate Identity erkennen. Diese wurde optimiert, indem die Models nicht mehr plakativ glücklich erscheinen, sondern eher authentisch und motivierend. In Zukunft soll der Fokus auf sportlichen Körpern liegen. Um für mehr Realismus zu sorgen, wird zudem auch Schweiß auf den Körpern eingesetzt, da Sport auch körperliche Anstrengung verkörpert. Die Image- und Kampagnenbilder sollen also zukünftig eher Momentaufnahmen beim Sport zeigen.
Bisher werden alle Studios nach und nach von außen mit dem neuen Design aufgerüstet und auch im Haus sind schon verschiedene Flyer im neuen Design verfügbar. Außerdem wurde der hauseigene McFIT-Channel bereits angepasst.

3.1.2 Allgemeine Gründe für neue Ausrichtung und spezielle Gründe für McFIT

Ein allgemeiner Grund für eine neue Ausrichtung eines Unternehmens kann ein gefährdetes bzw. ein eingestaubtes Image sein. Mit einer neuen Corporate Identity kann dies gerettet werden und grundsätzlich wieder mehr Aufmerksamkeit erzielen. Das Image wird dadurch aufgewertet. Die Corporate Identity „führt (…) zu einem unverwechselbaren Profil". (Birkigt et.al., 1995, S. 239)
Ein weiteres Motiv zur Änderung der Corporate Identity kann die Neuorientierung bzw. eine andere Positionierung eines Unternehmens sein, welche mit einer neuen Zielsetzung einhergeht. Des Weiteren kann die Erschließung neuer Märkte geplant sein. Weiterhin ist es möglich, dass Firmen neue Zielgruppen ansprechen oder die Zielgruppe erweitern möchten und aufgrund dessen die Corporate Identity anpassen. Auch eine andere Preisstruktur kann einer Änderung der Corporate Identity zugrunde liegen.

Neuausrichtungsgründe bei McFIT sind folgende: Die Studiokette ist seit geraumer Zeit auch international am Markt, daher sollte es eine neue Positionierung geben. Ein komplettes Redesign der ganzen Marke stand auf dem Plan und somit auch ein vollständig neues Corporate Design, wie in 3.1.1 beschrieben. Während McFIT mit den Farben blau und gelb bisher eher ein Discount-Studio verkörperte, sollte es in Zukunft mit dem neuen Design eher für McFIT-Erlebnistraining stehen. Eine Aufwertung aller Trainingsangebote stand im Mittelpunkt, was sich im Design widerspiegeln sollte. Die optimierte Bildsprache wirkt nun auch motivierender und authentischer. Das neue Logo soll die neue Marke nach außen transportieren, damit vom Umfeld eine Neu-Positionierung wahrgenommen wird. Das neue Konzept steht für Kraft und Stärke, welches durch das dreidimensionalen gelbe Band mit unterschiedlichen Perspektiven und dadurch spannender Strichbreiten, dargestellt werden soll. Dies erzeugt Dynamik auch ohne Animation. Und hinter dem gesamten Design verbirgt sich das neue Ziel der Innovation. Die Änderung des Namens ist eher designtechnisch und kann innerhalb des neuen Logos so besser gelesen werden.

Weg vom einfachen Discounter und hin zum neuen Erlebnisstudio ist die Zielsetzung!

3.1.3 Recherche: Weitere Unternehmen mit derartiger Veränderung

In der nachstehenden Tabelle sind weitere Unternehmen mit einer Veränderung der Corporate Identity recherchiert und aufgelistet.

Tab. 9: Veränderung der Corporate Identity beispielhafter Unternehmen

Unternehmen		Corporate Identity -Veränderung
1.	Reebok	**neues Logo** steht für neuen Markenauftritt, somit Neuausrichtung auf spezielle Fitnesssportarten, weg vom Fußball (vgl. Steinkirchner, 2013 [online])
2.	Deutscher Olympischer Sportbund - DOSB	**neues Logo und Wortmarke**, „O" stellt nun Ring des Sports dar und ist mit „D" verschlungen, was Nationalität und Internationalität verbindet, auf Farben schwarz/rot/gold wird gesetzt, stärkere Positionierung des Bundes in Sport und Gesellschaft (vgl. Danek, 2014 [online])
3.	Kieser Training	ruhigere, edlere Atmosphäre durch **Farbwechsel des Logos** von gelb auf blau, neuer Internetauftritt sowie Facebook-Seite, damit neue Zielgruppenorientierung (vgl. Scharl, 2014 [online])
4.	Mrs. Sporty	**neues Logo** ohne bekannte Sonne im Design, komplett neue Kundenphilosophie (vgl. Latour, 2014 [online])

3.2 Marktstrategien

Innerhalb des Marketings gelten unterschiedliche Marktstrategien. Auf die segmentspezifische Marktbearbeitungs- und Wettbewerbsstrategie, sowie auf eine Produktstrategie soll nun genauer eingegangen werden.

Zudem werden die Strategien, welche für McFIT gelten, herausgefiltert und begründet.

3.2.1 Segmentspezifische Marktbearbeitungsstrategien und Wettbewerbsstrategien nach Porter allgemein und bei McFIT

„Als Marktsegmentierung bezeichnet man die Aufteilung des Gesamtmarktes in abgrenzbare möglichst homogene Teilmärkte.“ (Weis, 1993, S. 49)

Segmentspezifische Marktbearbeitungsstrategien helfen bei der Marktbearbeitung zur Auswahl des Zielmarktes. Hierfür kann ein Unternehmen zwischen fünf verschiedenen Spezialisierungsstrategien wählen:

1. Segmentkonzentration:

Hier wird ein Segment als Zielmarkt ausgewählt und bearbeitet.

2. selektive Spezialisierung:

Bei dieser Spezialisierung werden mehrere verschiedene und attraktive Segmente zur Bearbeitung herangezogen.

3. Marktspezialisierung:

Ziel dieser Strategie ist die Bedarfsbefriedigung einer bestimmten Kundengruppe.

4. Produktspezialisierung:

Innerhalb dieser Strategie wird ein Produkt für mehrere Kundengruppen spezialisiert.

5. vollständige Marktabdeckung:

Alle Leistungen/Produkte werden bei dieser Strategie für alle Kundengruppen bearbeitet.

Bezüglich der weiteren Vorgehensweise innerhalb der Marktbearbeitung sollte nun festgelegt werden, ob eine differenzierte oder undifferenzierte Marketingstrategie angewendet wird. (vgl. Schlaffke & Plünnecke, 2014, S. 58)

Innerhalb der *differenzierten Strategie* passt das Unternehmen das Produkt, die Leistung oder das Marketingprogramm an unterschiedliche Segmente an.

Bei der *undifferenzierten Marketingstrategie* findet keine Beachtung unterschiedlicher Marktsegmente statt. Sowie Produkte als auch Marketingprogramm werden entworfen, um eine größtmögliche Anzahl an Käufern des Marktes anzusprechen. (vgl. Schlaffke & Plünnecke, 2014, S. 58)

Insgesamt beziehen sich diese Strategien also zum einen auf die Abdeckung des Marktes und zum anderen auf den Grad der Differenzierung.

Folgende Tabelle demonstriert die segmentspezifische Marktbearbeitungsstrategie speziell bei McFIT.

Tab. 10: Segmentspezifische Marktbearbeitungsstrategie bei McFIT

Segmentspezifische Marktbearbeitungsstrategie bei McFIT	Begründung
• vollständige Marktabdeckung	• McFIT spricht keine einzelnen Segmente an, sondern versucht möglichst den gesamten Markt abzudecken ➔ sowohl Frauen und Männer unterschiedlicher Altersstruktur werden mit dem McFIT-Marketing angesprochen ➔bezüglich der Einkommensstruktur wird sich mit der Struktur eher auf Personen mit geringerem Einkommen bezogen ➔ für viele Zielgruppen gibt es unterschiedliche Angebote/Leistungen, sei es ein ‚Box-Workout' speziell für Männer, ein ‚Shape it –Programm' besonders für Frauen mit Problemzonen oder auch die ‚Rückenstraße' für Menschen, die Rückenproblemen präventiv entgegen wirken wollen • viele Standorte und Expansionen gelten auch für eine weiterreichende vollständige Marktabdeckung
• undifferenziertes Marketing	• Ziel ist es eine größtmögliche Anzahl an Käufern zu erreichen ➔ Marketing und Programme richten sich an viele Zielgruppen

Nach dieser Analyse wird die Strategie der Marktbearbeitung identifiziert, wobei verschiedene *Wettbewerbsstrategien* unterschieden werden.

„Stand in den Zeiten des fast ungehinderten Wachstums primär die Befriedigung der Kundenbedürfnisse im Mittelpunkt unternehmerischen Denkens, gewannen nunmehr die sog. Wettbewerbskräfte des Marktes an Bedeutung." (Nieschlag et. al., 1991, S. 884) Das von Porter entwickelte Konzept der Wettbewerbsstrategie führt Konkurrenten, nachfragemächtige Abnehmer, potente Lieferanten, neue Wettbewerber und Ersatzprodukte als Triebkräfte auf.

„Um andere Unternehmen zu übertreffen, empfiehlt Porter die Konzentration auf eine der drei nachfolgend aufgezeigten Strategien:" (Nieschlag et. al., 1991, S. 887)

1. Strategie der Kostenführerschaft:

Hier gilt es eine niedrige Kostenstruktur der Produkte anzustreben.

Als Voraussetzung gelten eine hohe Stückzahl und ein hoher Marktanteil, sowie günstige Rohstoffe. Diese Strategie spielt konsequent in der Niedrigpreis-Kategorie und ist bei Dienstleistungen eher schwer umsetzbar. (vgl. Schlaffke & Plünnecke, 2014, S. 5)

2. Differenzierungsstrategie:

Innerhalb dieser Strategie wird die eigene Leistung einzigartig für die Branche oder ein Segment arrangiert. Hierbei schwingt jedoch ein vergleichsweise höherer Preis mit. Die Führungsstellung wird vor allem über Qualität und Service erlangt, während die Erzielung der Unique Selling Proposition angestrebt wird. Gegenüber von Konkurrenzprodukten soll sich dieses einzigartige Produkt abheben und eine Anregung des Konsumenten zum Kauf erzeugen. (vgl. Schlaffke & Plünnecke, 2014, S. 59)

3. Nischenstrategie:

Innerhalb dieser Strategie wird die Bearbeitung des Gesamtmarktes kapituliert.
„Die Konzentration auf Schwerpunkte impliziert die gezielte Beschränkung der Marktbearbeitung auf eine oder mehrere Nischen, um in dieser umfassende Kostenführerschaft oder Differenzierung oder beides zusammen zu erreichen." (Nieschlag et. al., 1991, S. 888) Es findet also eine Spezialisierung auf ein Segment oder wenige Segmente statt. Eine beschränkte Anzahl von Abnehmern und Leistungen ist hier zu erwarten. (vgl. Schlaffke & Plünnecke, 2014, S. 59)

Folgende Tabelle zeigt die Wettbewerbsstrategie speziell bei McFIT.

Tab. 11: Wettbewerbsstrategie bei McFIT

Wettbewerbsstrategie bei McFIT	Begründung
grundsätzlich **Strategie der Kostenführerschaft** evtl. hin **zur Strategie der Differenzierung**	**Strategie der Kostenführerschaft:** • McFIT ist als Fitnessdiscounter für eine niedrige Kostenstruktur der Produkte und Dienstleistungen bekannt • innerhalb der Strategie der Kostenführerschaft ist ein hoher Marktanteil notwendig ➔ Diese Voraussetzung ist erfüllt, da McFIT als mitgliederstärkste Studio-Kette gilt und sich bisher in der konsequenten Niedrig-Preis-Kategorie befindet ➔Des Weiteren gibt es sehr viele Standorte und McFIT expandiert immer weiter auch ins Ausland. **Strategie der Differenzierung:** • unter allen Fitnessdiscountern auf dem Markt strebt McFIT einen Qualitätsdiscounter an, dies könnte sich in Zukunft in die Richtung der Differenzierung entwickeln • Abheben mit neuer Corporate Identity, Hervorheben mit neuer Qualität, Service und Innovationen der Cyber-Kurse • Angebotserweiterung neuer, besserer Leistung innerhalb des Discount-Fitnessmarktes • gegenüber von Konkurrenzprodukten (anderen Fitnessdiscountern am Markt) soll sich dieses einzigartige Produkt in Zukunft mit neuem Marketing abheben und somit eine Anregung des Konsumenten zum Kauf erzeugen

3.2.2 Cyberkurse bei McFIT – Welche Strategie auf der Basis der Produkt-Markt-Matrix?

„Auf die Wettbewerbs- und Marktsegmentierungsstrategie abgestimmt, ist eine entsprechende Produktstrategie anzuwenden. Als Ausgangsbasis für die Auswahl einer Produktstrategie bietet sich die Produkt-Markt-Matrix in Anlehnung an Ansoff an." (Weis, 1993, S. 54) Im Folgenden ist diese tabellarisch dargestellt.

Tab. 12: Produkt-Markt-Matrix, Wachstumsstrategien (modifiziert nach Nagel & Stark, 1995, S. 131)

Produkt-Markt-Matrix	bestehende Märkte	neue Märkte
bestehende Produkte/Leistungen	**Marktdurchdringung:** • verstärkte Bearbeitung bisheriger Märkte mit bisherigen Leistungen	**Marktentwicklung:** • neue Märkte für bisherige Leistungen (Internationalisierung, Marktsegmentierung)
neue Produkte/Leistungen	**Produktentwicklung:** • Innovationen für bisherige Märkte	**Diversifikation:** • neue Leistungen für neue Märkte

„Bei der Strategie der *Produktentwicklung* werden neue Produkte für bestehende Märkte entwickelt oder durch Produktdifferenzierung im Urteil der Käufer andersartige Produkte geschaffen." (Weis, 1993, S. 55)
Bei McFIT gelten sogenannte Cyberkurse als Innovation bzw. als andersartiges Produkt, da bisher keine Kurse in irgendeiner Form angeboten wurden. Cyberkurse fallen nunmehr für den schon bestehenden Fitnessmarkt unter die Rubrik neuer Produkte. Das Angebot von Leistungen, Produkten und Materialien, welche bisher nicht im Leistungsprogramm enthalten waren, steht im Vordergrund der Marketingbemühungen. (vgl. Nagel & Stark, 1995, S. 132)
Diese Erkenntnisse lassen darauf schließen, dass die Cyberkurse auf der Basis der Produkt-Markt-Matrix nach Ansoff der Strategie der *Produktentwicklung* zugeordnet werden können.

3.2.3 Chancen und Risiken für McFIT aufgrund Strategie der Produktentwicklung

Die nachstehende Tabelle zeigt Chancen und Risiken auf, die bei McFIT aufgrund der Strategie der Produktentwicklung mit den Cyber-Kursen entstehen können.

Tab. 13: Chancen und Risiken für Strategie aus Produkt-Markt-Matrix bei McFIT

Chancen	Risiken
• mehr Zielgruppenerreichung: Kurse für Interessenten an Gruppenfitness für mehr Motivation, Kurse werden grundsätzlich auch eher von weibliche Kunden genutzt (=Erweiterung Zielgruppe) ➔ dadurch mehr Umsatz	• Flop ➔ Extra-Raummiete und höhere Kosten- bei Nicht-Nutzung
• höhere Auslastung führt zu besserer Identifikation der Mitglieder sowie zur Bindung durch Innovationen ➔ weniger Abwanderung, Senkung der Fluktuation	• Kunden möchten betreut werden, Trend nach betreuter Gesundheit nicht gegeben (eher Gefährdung der Gesundheit) ➔ Abwanderung zu Mitbewerbern mit betreutem Kurssystem, Erhöhung Fluktuation
• Flexibilitäts-Gedanke im heutigen stressigen Alltag abgedeckt durch ständige Kurszeiten ➔ gute Auslastung des Extra-Raumes (z. B. Nutzung durch Mitglieder mit verschiedenen Schicht-Systemen)	• nur kurzer Hype, schnell Langeweile, da wenig Abwechslung und nicht individuell ➔dadurch Abwanderung der Mitglieder und wenig Auslastung des Extraraumes, Umsatzeinbußen

4 Konsumentenverhalten

Ein Konsument bildet sich seine Meinung bezüglich der Qualität u. v. m. verschiedener Produkte und Leistungen, was nicht aussagt, dass er jene auch erwerben wird. Eine Kaufentscheidung wird unter einer Vielzahl von Einflussfaktoren getroffen (z. B. Einkommen, Verfügbarkeit, Werbung, Konkurrenzprodukte). Die Homogenität der Produkte und das Involvement der Konsumenten bilden sich unterschiedlich aus und sind abhängig von den jeweiligen Produkten oder Dienstleistungen, welche gekauft werden. Dabei weisen Konsumenten verschiedene Arten von Kaufverhalten auf, welche im Folgenden näher erklärt werden.

4.1 Arten des Kaufverhaltens

Ein *Habitualisiertes Kaufverhalten* liegt vor, wenn Konsumenten nur ein geringes Involvement zeigen und gleichzeitig kaum Qualitätsunterschiede zwischen den einzelnen Entscheidungsalternativen existieren. Dieses Verhalten läuft vorrangig bei günstigen und regelmäßig gekauften Produkten ab (z. B. Alltagseinkäufe wie Salz und Zucker). Es besteht meist keine starke Markenbindung und -treue, daher setzt hier das Marketing eher auf Sonderpreise, um somit die Kaufentscheidung zu beeinflussen. (vgl. Schlaffke & Plünnecke, 2014, S. 196) Das Anspruchsniveau spielt keine Rolle, da das gleiche Produkt immer wieder gekauft wird.

Das Kaufverhalten *Variety Seeking* ist eher abwechslungsreich orientiert. Der Wunsch nach Abwechslung steht beim Konsumenten im Vordergrund. Sein Kaufverhalten wird durch klar erkennbare Unterschiede zwischen den Marken gelenkt. Es ist nur eine geringe Homogenität gegeben und die Konsumenten weisen dessen ungeachtet nur ein geringes Involvement auf.

Der Konsument kann jedoch beeinflusst werden durch Strategien der Produktplatzierung, die Verfügbarkeit und durch Werbung mit Erinnerungsbotschaften. Das abwechslungsreiche Kaufverhalten kann somit in Habitualisiertes Kaufverhalten umgewandelt werden. Des Weiteren kann dann eine Beeinflussung der Kunden durch Sonderangebote, Coupons oder Proben geschehen. Der Kauf findet teilweise ohne bewusste Überlegung, sondern eher durch Zufall statt. (vgl. Schlaffke & Plünnecke, 2014, S. 197)

Ein *Dissonanzminderndes Kaufverhalten* liegt vor, wenn die Konsumenten ein hohes Involvement zeigen. Dies tritt ein, wenn eine größere Investition ansteht oder eine selten durchgeführte Kaufentscheidung abgewickelt wird. Die Homogenität (Austauschbarkeit der Produkte) ist hier sehr ausgeprägt. Zu Beginn sind kaum größere Qualitätsunterschiede zwischen den Produkten zu verzeichnen. Die Kaufentscheidung erfolgt eher nach Sekundärkriterien (z. B. Preis oder Pragmatismus). Es ist jedoch möglich, dass nach dem Kauf evtl. Reue, Zweifel oder Unzufriedenheit auftreten. Das geschieht oftmals dann, wenn Mängel am Produkt existieren oder der Kunde gute Alternativen findet. Um diese Kaufreue zu vermeiden, sollte eine dementsprechende gezielte After-Sales-Betreuung durchgeführt werden, um die Entscheidung zu manifestieren und den Kunden zufrieden zu stimmen. (vgl. Schlaffke & Plünnecke, 2014, S. 196)

Hinter dem *Komplexen Kaufverhalten* steht eine ganz bewusste Kaufentscheidung. Dieses Verhalten ist von einem starken Involvement des Kunden geprägt und zielt gleichzeitig auf eine hohe Heterogenität der möglichen Kaufentscheidungsalternativen ab. Vor dem Kauf steht eine intensive Informationsbeschaffung seitens Konsumenten an. Der Käufer erzeugt Präferenzen und Einstellungen durch Lernprozesse.
Hierbei sollten die Anbieter den Kunden bei der Informationsbeschaffung unterstützen. (vgl. Schlaffke & Plünnecke, 2014, S. 197)

4.2 Zuordnung des Kaufverhaltens

Folgende Tabelle zeigt eine Übersicht von Beispielen unterschiedlichen Kaufverhaltens seitens der Konsumenten, welche nachfolgend begründet werden.

Tab. 14: Beispiele verschiedenen Kaufverhaltens von Konsumenten

Beispiel	Kaufverhalten
Kauf einer Mitgliedschaft im Studio	Dissonanzminderndes Kaufverhalten
Kauf eines Mineralgetränkes im Studio	Habitualisiertes Kaufverhalten
Buchung eines Personal Trainings	Variety Seeking
Buchung einer 14-tägigen Bergreise in den Himalaya mit dem Studio	Komplexes Kaufverhalten

Begründungen zur oben dargestellten Tabelle:

Der *Kauf einer Mitgliedschaft im Studio* stellt ein dissonanzminderndes Kaufverhalten dar, da es viele verschiedene Angebote auf dem Markt gibt. Die Homogenität der Produkte ist hier sehr ausgeprägt, während die Konsumenten ein höheres Involvement zeigen. Die Entscheidung für eine Mitgliedschaft im Fitnessstudio gilt als eher verhältnismäßig teurere Investition. Außerdem wird diese Kaufentscheidung eher selten durchgeführt und erfolgt hier schlussendlich oft über den Preis oder andere Sekundärprinzipien. Zu Beginn sind kaum Qualitätsunterschiede auszumachen. Grundsätzlich kann dissonanzminderndes Kaufverhalten im Nachhinein von Kaufreue gekennzeichnet sein, falls sich später bessere oder andere Alternativen bieten. Gerade im Fitnessbereich gilt es dieses Gefühl der Kunden auszuhebeln und eine gute After-Sales-Betreuung abzuwickeln.

Der *Kauf eines Mineralgetränkes im Studio* fällt innerhalb des „Studio-Alltages" unter habitualisiertes Kaufverhalten, da jedes Mitglied etwas zu trinken beim Sport benötigt. Das Involvement der Konsumenten ist eher gering und dieses Verhalten läuft bei regelmäßig gekauften Produkten ab, wie es bei einem Mineralgetränk der Fall ist. Auch die Kosten sind hier verhältnismäßig gering und das Produkt ist ein notwendiger Alltagskauf. Das Anspruchsniveau spielt keine Rolle, da das Produkt vor Ort im Fitnessstudio immer wieder gekauft wird. Es gelten kaum Qualitätsunterschiede und auch die Marke bleibt bei dem immer wieder gekauften Produkt in der Regel gleich.

Die *Buchung eines Personal Trainings* kann das Kaufverhalten des Variety Seeking darstellen und ist hier eher vom Kunden aus abwechslungsreich orientiert. Das Involvement des Konsumenten ist eher gering im Gegensatz zum Kauf einer Mitgliedschaft. Die Homogenität ist auch eher gering, da jeder Trainer anders und individuelles Training mit dem Kunden absolviert. Personal Training bietet somit eine Abwechslung zu normalen Trainern und dem Studio-Alltag und sorgt somit für eine hohe Individualität. Jedes Personal Training ist somit durch viele Unterschiede untereinander gekennzeichnet. Fitnessstudio-Mitglieder suchen Individualität und somit ein Personal Training; der Wunsch nach Abwechslung ist ausgeprägt. Jedes Personal Training unterscheidet sich zueinander. Wenn der Kunde sich einmal bei einem Personal Trainer wohlfühlt, kann das Variety Seeking auch in habitualisiertes Kaufverhalten umgewandelt werden.

Hinter der *Buchung einer 14-tägigen Bergreise in den Himalaya mit dem Studio* steckt eine ganze bewusste Kaufentscheidung. Diese Handlung stellt demzufolge ein komplexes Kaufverhalten dar. Eine Reise wird eher selten geplant und die Planung findet bewusst mit Abwägen verschiedener Möglichkeiten statt. Das Involvement der Kunden ist hier sehr stark ausgeprägt. Da es viele verschiedene Anbieter gibt, findet hier im Vorfeld eine eingehende Informationsbeschaffung statt. Die Kaufentscheidungsalternativen sind bezüglich Preis-Leistung eher heterogen beschaffen.

4.3 Verkaufsraumgestaltung

Die gesamte Umwelt wirkt mit unterschiedlichen Reizen auf die Konsumenten ein, welche bestimmte Emotionen auslösen können. (vgl. Schlaffke & Plünnecke, 2014, S. 192) Unternehmen können mit einer zielsicher geplanten Verkaufsraumgestaltung diese Emotionen steuern. Verschiedene Aspekte wie z. B. Laufzonen, Greifzonen bei Regalen, Impulszonen, Düfte, Dekoration, Musik, Beleuchtung und Farben sowie die Aufteilung in Funktionszonen spielen dabei eine Rolle.
Im Folgenden werden die Punkte Funktionszonen, Beleuchtung und Farben des eigenen Ausbildungsbetriebes aufgegriffen und dargestellt.

Verschiedene *Funktionszonen* erleichtern dem Kunden gewisse „Lagepläne“ im Kopf zu erstellen, um sich gut zu Recht zu finden und wohl zu fühlen. (vgl. Schlaffke & Plünnecke, 2014, S. 193)

Die folgende Tabelle zeigt die *Funktionszonen* des eigenen Ausbildungsbetriebes.

Tab. 15: Aufteilung der Räume in Funktionszonen im eigenen Ausbildungsbetrieb

Funktionszonen 1. Etage:	
Service	direkt nach dem Eingang als Blickfang für Interessenten
betreuter Zirkel	zwei Zirkel, in der Nähe des Servicebereiches, um Blick auf Einsteiger zu gewährleisten, Neukunden fühlen sich betreuter
Cardio-Bereich	gegenüber vom Zirkelbereich liegt abgegrenzt der Ausdauer-Bereich
Lounge	gegenüber vom Service, abgegrenzt vom Zirkelbereich
geführte Maschinen	Extrabereich, besserer Überblick für Mitglieder
Freihantelbereich	Extra-Abschnitt, der meist von Männern genutzt wird, Frauen fühlen sich dadurch nicht unwohl
Kursraum	hinter Trainingsfläche liegt Kursraum mit Glastür getrennt, Blick für Interessenten auf laufende Kurse
Checkraum	Extra-Raum für Körperanalysen und Trainingsplanbesprechungen, Diskretion für Mitglieder wird gewahrt
Trainerbereich	Trainerpult liegt direkt im Bereich der geführten Maschinen und mit Blick auf Freihantelbereich für bessere Präsenz der Trainer, Mitglieder fühlen sich betreuter, haben weniger Angst vor Fehlern
Funktionszonen 2. Etage (durch kleine Treppe nach unten getrennt)	
Solarium/Massageliege	in der unteren Etage für mehr Ruhe
Spinning-Kursraum	Extra-Raum wegen Laustärke und besserer Kursverteilung
Massageraum	in der unteren Etage für mehr Ruhe
Umkleiden/Duschen	direkter Zugang zum Saunabereich, Pragmatismus für Mitglieder
Saunabereich	direkter Zugang von Umkleiden/Duschen, Pragmatismus für Mitglieder

Eine gut organisierte *Beleuchtung* kann die Aufenthaltsdauer und das Wohlfühlen der Kunden positiv beeinflussen und grundsätzlich die Emotionen steuern.

In der nachstehenden Tabelle ist die *Beleuchtung* der einzelnen Funktionszonen des eigenen Ausbildungsbetriebes beschrieben.

Tab. 16: Beleuchtung der einzelnen Studio-Bereiche im eigenen Ausbildungsbetrieb

Studio-Bereich	**Beleuchtung**
Kursraum	je nach Kurs motivierend bunt und bewegt und an den Takt angepasst, dadurch Sportlichkeit, oder warm, ruhig und gedämmt mit Kerzenlicht
Lounge	gemütlich und eher gedämmt
Spinning-Kursraum	motivierend bunt, Dynamik durch Leuchtstoffröhren mit Farbwechsel
Massageraum	ruhiges, warmes und gedämmtes Licht, Kerzenlicht für bessere Entspannung
Saunabereich	indirekte Beleuchtung, Wellnessbeleuchtung mit ruhigem Farbwechsel, gedämmt, Kerzenlicht für bessere Entspannung
Umkleiden und Studio	eher hell, durch viele Fensterfronten mit natürlichem Tageslicht durchflutet, was Räume anziehend und angenehm erscheinen lässt (vgl. Schlaffke & Plünnecke, 2014, S. 192)

Farben sorgen ebenso für eine bestimmte Wohlfühlatmosphäre und eine positive Beeinflussung der Aufenthaltsdauer.
Die *Farben* des Corporate Designs des Gesund & Vital Fitnessstudios sind orange und grau, welche sich im Logo widerspiegeln. Auch die Wände des gesamten Studios, sowie des Kursraumes und der Umkleidekabinen sind in verschiedenen Orange- und Grautönen angepasst. Orange sorgt für eine gewisse Wärme in den Räumen. Zudem unterstützt orange die Geselligkeit, wirkt aufbauend und leistungssteigernd, anregend und anspornend und fördert Freude, Leichtigkeit und Loslassen. Das helle Grau soll eher neutral wirken und steht für schlichte Eleganz.
Der Massagebereich ist grün gestaltet. Diese Farbe hilft Körper und Seele ins Gleichgewicht zu bringen und wirkt sowohl regenerierend und harmonisierend als auch erholsam und vitalisierend. Grün beruhigt die Nerven, stärkt die Konzentration und fördert Ausgeglichenheit. All das suchen die Mitglieder, wenn sie eine Massage buchen.

5 Literaturverzeichnis

Birkigt, K., Stadler, M. M. & Funck, H. J. (1995). *Corporate Identity: Grundlagen, Funktionen, Fallbeispiele*. 8. Auflage. Landsberg/Lech: Verlag Moderne Industrie.

Body Attack Franchisekosten (n. d.) [online]. Zugriff am 28.01.15. Verfügbar unter: http://www.body-attack.de/franchise/faires-system.html

BODY STREET (n. d.) [online]. Zugriff am 24.01.15. Verfügbar unter: http://www.bodystreet.com/franchise.html

clever fit (n. d.) [online]. Zugriff am 24.01.15. Verfügbar unter: http://www.clever-fit-franchise.com/

Danek, S. (2014). *Der Deutsche Olympische Sportbund ist jetzt der DOSB – mit einem neuen Logo, das die Berliner Agentur Realgestalt entwickelte* [online]. Zugriff am 25.01.15. Verfügbar unter: http://www.page-online.de/emag/kreation/artikel/logo-olympischer-sportbund

Deutscher Franchise-Verband [DFV] (Hg.) (2003). *Existenzgründung mit System – Ein Leitfaden des Deutschen Franchise-Verbandes e. V.*. Erfolgreich selbstständig. Mit Sicherheit. Bonn: peckert public relations. Zugriff am 25.01.15. Verfügbar unter: http://www.gruenderblatt.de/files/franchise-leitfaden-dfv.pdf

Easyfitness Franchisekosten (n. d.) [online]. Zugriff am 28.01.15. Verfügbar unter: https://www.unternehmenswelt.de/news/franchise-konzepte/unternehmenswelt-franchise-check-easyfitness

Flohr, E. (n. d.). *Erfolgreicher selbstständig. Der Franchise-Vertrag in Deutschland* [online]. Zugriff am 25.1.15. Verfügbar unter: http://www.franchiseverband.com/fileadmin/dfv-files/Dateien_Dokumente/Services_Downlaod/Franchise-Vertrag_in_Deutschland.pdf

INJOY (n. d.) [online]. Zugriff am 24.01.15. Verfügbar unter: http://www.injoy.de/injoy/franchising.html

Latour, A. (2014). *Mrs. Sporty positioniert sich neu mit geänderter Corporate Identity* [online]. Zugriff am 19.01.15. Verfügbar unter: http://www.franchise-abc.de/blog/mrs-sporty-positioniert-sich-neu-mit-geaenderter-corporate-identity

LesMills (n. d.) [online]. Zugriff am: 24.01.15. Verfügbar unter: http://www.lesmills.de/warum-les-mills.html

McFIT-Logos (n. d.) [online]. Zugriff am 25.01.15. Verfügbar unter: http://www.designtagebuch.de/wp-content/uploads/mediathek//mcfit-logos.jpg)

MRS. SPORTY Franchisekosten (n. d.) [online]. Zugriff am 28.01.15. Verfügbar unter: http://www.mrssporty-franchise.de/voraussetzungen/tab/finanzielle-voraussetzungen/#!tab=29

myline (n. d.) [online]. Zugriff am 24.01.15. Verfügbar unter: http://www.myline24.de/content/myline-lizenz-f%C3%BCr-fitnessclubs

Nagel, K. & Stark, H. (1995). *Marketing und Management.* In: Förschler, Hümer, Rössler, Stark (Hg.).Führungswissen für kleine und mittlere Unternehmen. 1. Auflage. Bad Wörishofen: Holzmann Buchverlag.

Nieschlag, R., Dichtl, E. & Hörschgen, H. (1991). *MARKETING.* 16. Auflage. Berlin: Duncker & Humblot.

Scharl, R. (2014). *Kieser-Training zeigt sich mit neuer Corporate Identity* [online]. Zugriff am 20.01.15. Verfügbar unter: http://www.wuv.de/marketing/kieser_training_zeigt_sich_mit_neuer_corporate_identity

Schlaffke, W. & Plünnecke, A. (2014). Studienbrief Marketing II. Herausgegeben von der Deutschen Hochschule für Prävention und Gesundheitsmanagement. Saarbrücken.

slim belly by AIRPRESSURE BODYFORMING (n. d.) [online]. Zugriff am 24.01.15. Verfügbar unter: http://www.slim-belly.com/de/ihre_vorteile/

Steinkirchner, P. (2013). *Sportmarke Reebok ändert nach 30 Jahren ihr Logo* [online]. Zugriff am 20.01.15. Verfügbar unter: http://www.wiwo.de/unternehmen/handel/sportmarke-reebok-aendert-nach-30-jahren-ihr-logo/8351670.html

Weis, H. C. (1993). *MARKETING.* In: Olfert, K. (Hg.). Kompedium der praktischen Betriebswirtschaft. 8. Auflage. Ludwigshafen: Kiehl.

6 Abbildungs- und Tabellenverzeichnis

6.1 Abbildungsverzeichnis

6.2 Tabellenverzeichnis

www.ingramcontent.com/pod-product-compliance
Ingram Content Group UK Ltd.
Pitfield, Milton Keynes, MK11 3LW, UK
UKHW041423030225
4424UKWH00017B/111